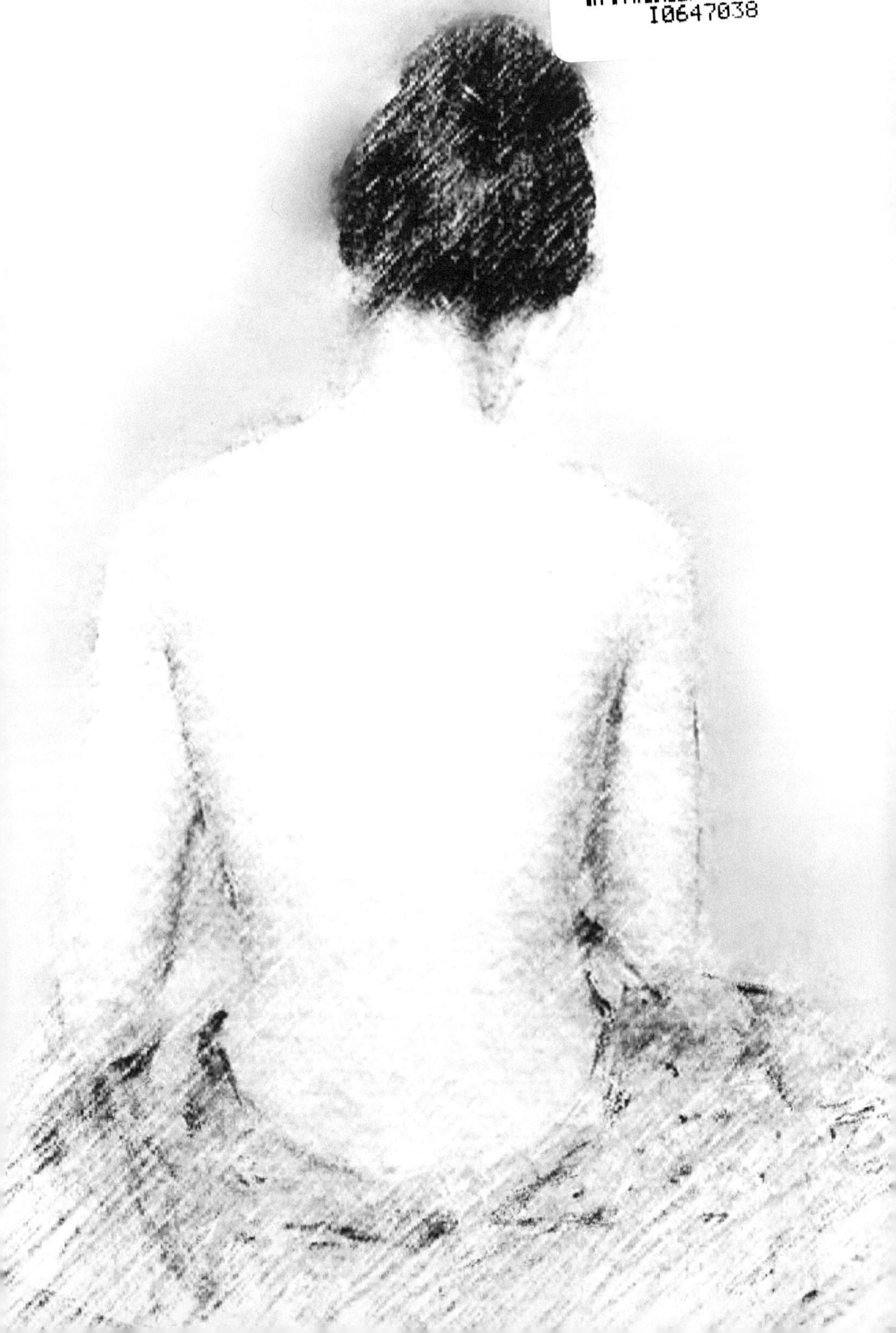

侦子诗集
现代诗选 | 北美简体中文版

出版：加拿大粒米工作室
网站：www.limi.ca
电邮：info@limi.ca
版次：2018 年 3 月多伦多第 1 版
字数：22 千字
定价：28.88 加元
书号：978-0-9864882-3-8

部分摄影作品由苏华提供

Title: Poems of Zhenzi
ISBN-13: 978-0-9864882-3-8
Author: Kiana Zhenzi
Publisher: Limi Press (Canada)
www.limi.ca

目录

关于侦子

侦子，馬來西亞裔。著名跨國企業集團高級職業經理人。現專職於繪畫，正籌備個人專題畫展。自小開始在中國求學，畢業於廈門大學。

喜歡中國歷史悠久文化博大精深，尤其中庸灰澀、婉轉含蓄的表達之境。在遠古時期無論中西詩歌均是作為與神溝通的祭祀語言。當下的詩歌雖已退出神壇，但也繁花似錦，似乎以更開闊更通俗的方式融入了普羅大眾，無究規則派系，只需抒情敘懷。

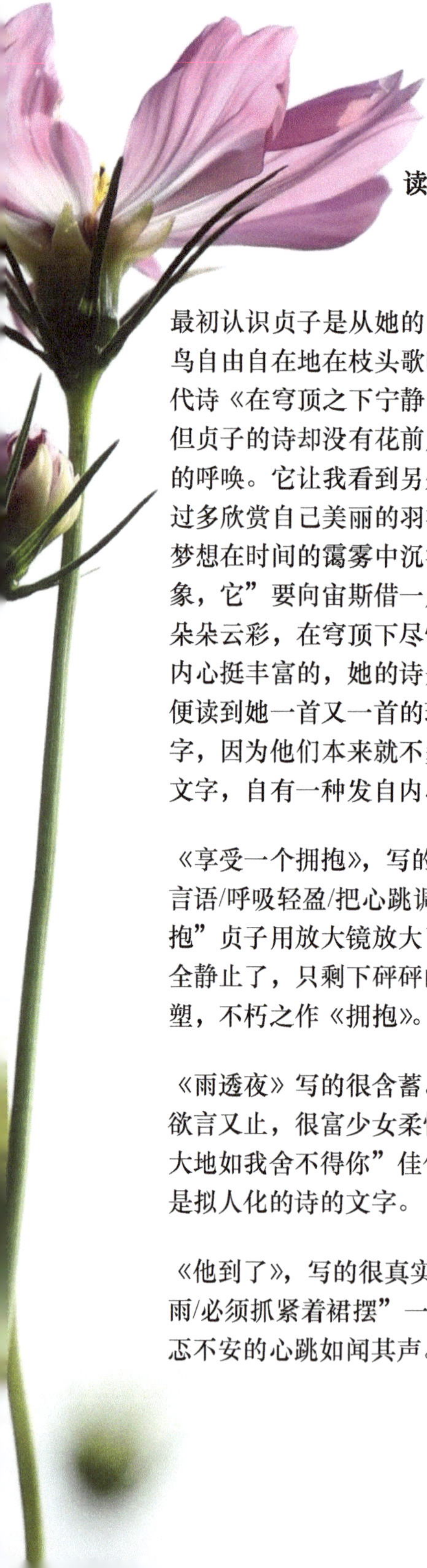

序言

读贞子的诗有感

文/鸣迅

最初认识贞子是从她的画开始的，那一只只色彩斑斓的小鸟自由自在地在枝头歌唱，煞是可爱。后来她发来一首现代诗《在穹顶之下宁静的澄蓝里》，那是一个中秋之夜，但贞子的诗却没有花前月下，我更多听到的是宁静下心灵的呼唤。它让我看到另外一只鸟，一只美丽的凤凰，并不过多欣赏自己美丽的羽毛，它不愿意让自己的追求自己的梦想在时间的霭雾中沉沦，它的内心充满力量，充满想象，它”要向宙斯借一片无暇天地，攀登座座山峰，跳跃朵朵云彩，在穹顶下尽情歌唱。”这时，我便感到贞子的内心挺丰富的，她的诗是她心中的调色板飞出来的。后来便读到她一首又一首的现代诗。我素来喜欢读画家的文字，因为他们本来就不多言，喜欢用画笔说话，一旦写成文字，自有一种发自内心的真诚，贞子的诗属于这一种。

《享受一个拥抱》，写的真细腻。“双臂再加些力度/不需言语/呼吸轻盈/把心跳调到相应的频率/就这样享受一个拥抱”贞子用放大镜放大了这种美好的瞬间，似乎外部世界全静止了，只剩下砰砰的心跳。这让我联想到罗丹的雕塑，不朽之作《拥抱》。

《雨透夜》写的很含蓄。雨中珍贵的回忆碎片，朦胧隐约欲言又止，很富少女柔情。“迟迟不肯离去的冬天/舍不得大地如我舍不得你”佳句。冬天有感情，会舍不得离别，是拟人化的诗的文字。

《他到了》，写的很真实。“突然他决定出现/带着风/带着雨/必须抓紧着裙摆”一个下意识的细微动作，使少女忐忑不安的心跳如闻其声。

《雪依旧醒着》，很好的托物寄情。“夜睡了/你睡了/雪依然醒着/不指望谁懂/只要你懂/从此以后/落雪是悲伤/驱之不去”每年冬天纷纷扬扬的雪，记忆着彼此的温度，彼此的眼神，令离情别绪再一次发酵，永铸忠贞，矢志不渝。

《你不必惊讶或许只是虚惊一场》很美丽的现代版闺阁诗！“离你最远的地方归宿却最远”，是那么实在又是那么缥缈，在多少人的心底深处的一片净土上，轻轻地放上一朵花，在多少人心底早已沉静的小湖上又漾起一圈涟漪。

当然，贞子的情诗不光歌颂快乐和幽怨 也不乏对爱情深刻的思考。《人群中我认出了你》就是一例。“我接受每一清晨孤独醒来/你接受我的不完美和种种无奈”道出了真心相爱的人们，彼此除了享受快乐，还要欣然接受不快乐，甚至义无反顾的接受痛苦。

贞子是一位马来西亚人，现在定居加拿大。难得她有良好的汉语修养，特别难得的是他的诗还显然受到中国古诗词的影响和滋润。如《君有意》“倚长堤/折柳枝/默看柳絮翻飞/低吟唱/裙裾飘/轻摆纤腰舞起……”富有节奏感，朗朗上口。聊聊数语，诗情画意已经跃然纸上。

而另外一首诗《当我年轻的时候》，却对自己的人生作了一番思考。“我非常幸运我有深情携行我的美丽才智/因此我决心尽全生去感谢上天所赐/就算有多少挫折我怎能轻言放弃”。认识一位朋友，往往始于外表，交于爱好，喜于才华，敬于品行。对于不少天生丽质的女孩，因为没有充实的内内心——修养与内涵，外表的美丽也就变得苍白乃至俗不可耐。所以我特别欣赏贞子这首诗最后的表白：尽心感恩上帝的赐予，但不轻易向所有挫折低头，永远完善自己。愿贞子继续继续勇敢前行，永远魅力四射，愿她的诗作日臻完美，就像她画幅的小鸟，美丽而多彩，在蓝天下快乐自由的歌唱。

作者：鸣迅
中国合唱协会理事
一位合唱指挥
资深音乐教师

睡了

你睡了
世界靜了
夜空也變得寂寥
星星都疲憊的不願眨眼

雪停了
白茫墜落
騰出遙遠處你的方向
目之所及的掂念有了亮光

我也倦了
縮在一個角落
窗外冷風涼寒得徹底
近處昏暗漸漸已跌到谷低
錯愕的迷蒙雙眼如何審視自己

對與錯在較量
嗏過去和現在深灼的傷
灼不尽尘缘里紧紧依的疼痛
黑與白等天明
或許還能和成灰

觀未來太痴狂
畢竟我為你而來
花開花落情緣凜冽
不是神算
老天自有安排
一张尘世无边的网
你執我的手走一程也罷
怎罷

車廂

不要下車
就這樣呆著
放空到腦中只剩下你
狹小車廂有足夠寬闊
有肆無忌憚的自在
萬分無奈
自由在窄寬中交錯
夠自我的人不必理解

車廂上鎖
自由已安全升騰身外
音樂必須重复這首
追求的不多
請給的關愛有空間和信賴
有需要表達的情緒
和正常人的七情六欲
冷傲和寂寞不是修煉
有太多情緒已不懂適當表達

音樂響起
歌詞直錘心底
弱軟衰傷足夠觸痛自己
愉快誰都歡喜
可以營造和與朋索取
熱鬧會過歡笑會冷
你還是你我還是我
強求不是我的脾氣
老軌跡舊步調依舊在此
因為你不會懂也不必真懂

時間它不給

要慢慢體會
時間它不給
傾慕已攻城略地
傾心且鬼使神差
此時揮手會痛
雙目掩藏著淚
預備隨時解剖心的動脈
但願最完美的答案永在
再講不出訣別道理
沉默是用心太徹底
難道捧半生去呵護故事
時間它一定是不太樂意
所剩恐不夠傾訴了
渴求等不等於強索
誠否花會開月會圓
真堅強的心怀又怎輕嘆
跨越不了既往
真的
即使誓言猶耳
也一定做不到勇往直前

幾世修為

天蒼地茫
生生兩頭痴狂
地老天荒
活活相遙奢妄
若有情豈在朝暮
若有意盡是時光

幾世修為
恩怨情仇相倚
今生桎梏
一筆抹煞幻滅
塵世情緣塵世盡
累世夙願皆雲煙

心愛的，你慢慢走

這樣的夜我在守著，守著
眼睛不眠深情不休地守望着
盡管我看不见，碰觸不到你
而守望會與你同步調，別勸阻
我將心掛在雪季的每個路燈中
照亮著你移動去的每個方向
不期待着你的愛情時時綻放信號
即使時間它不夠而守望仍是回憶

聽說深戀都是沒有結果的事
那麼各自走各自的路應是必然結局
你在路上我在燈光裡
你在前行永遠將我留在后面
即使風中兩中雪中我茕茕孑立
而倾听你呼吸声就是最溫柔的堅持
夜越夜，大地呵護着冬雪在驟冷
他專注著心思裡只喚著我的名字
即便只是對著空曠亦似都有我的影子
無論如何故事的甜蜜和痛會終生長伴於心底
心愛的，你慢慢走不要太急

有無是觉醒的深恋

我心似乎已忘記了還要飛翔
因為在你眼中找到夢中的天空
它是我疲憊的港灣
有我最渴望的臂膀
我的力量在它的藍色幽冥裡漸失
因為我是在迷幻中振翅
賣力翱翔在无限期望的界面裡
告诉我这一切是否都是真的
告诉我这一切是否可以永久
你胸中的熱烈是否已发出強烈的回響
有無是觉醒的深恋
有無因為我的存在而用生命湊诗篇
在夜幕下路燈是我追隨你的眼
即使晨光漸亮餘光依舊围绕你不散

有太多

有太多假設
什麼也不会真实现
而我們依然相信

有太多危機
夢想總是破灭
而我們還是會堅持

人人都在演
場地隨時鋪展
情景十分多變如萬花筒
而我們依舊純粹

有太多不快樂
周圍許多幸福與否在糾結
可笑臉還是要有
心打開愛不一定可以溶解

時間不會停頓
彼岸也不是終點
將期待成為身體的血脈
或許一輩子就變得匆慢匆快

君有意

倚長堤
折柳枝
默看柳絮翻飛

低吟唱
裙裾飄
輕擺纖腰舞起

望天闕
月幽寒
吳剛已否心動

醉西涼
君有意
嬌娘殷殷情深

問長天
責地久
誓言錚錚不渝

怎堪宿命

瑩瑩 繞繞
終是夢
醒來眼角淚幹
心會痛
有抽泣的衝動

兜兜 轉轉
已半生
怎奈依舊孤單
惜苦緣
近咫尺遠天邊

纏纏 綿綿
終難究
情深豈堪擱淺
宿定命
聽憑上天安排

幸福在假想的波面上擴散

你拿出一枚戒指
套在我左手的無名指
從此就成了你的妻
平凡每日油鹽醬醋柴米
自手指到發膚共同享有
你給我一個姓氏
餘生我再不是我，是你的我
在整個世界裡甘願緊隨你左右
生命中喜怒哀樂都牽扯著彼此
從另一個看不見的角度裡
我們更是對方的一呼一吸
分享所有的愿望和欲望
你為我建一個小小的家
是堅固耐用的堡壘
溫馨簡潔輕松快樂
幸福继续在假想的波面上擴散
再擴散，然而
我們默契的往前行還是霧茫茫
愛情的品格可以上升到聖靈的境界
但現實它只會朝更狹窄的方向收攏
理想的魅力在於幻想很魅惑
向爱情抛暧昧的或許只是荷爾蒙
選擇勇敢或幹脆視而不見
別拴住道德的脖子痛苦不前
这一切与戒指暂时没有任何关系
因为一个轟轟烈烈的衝動
佔據神經中枢驅逐了冷靜和理智
多巴胺終會被時間攻散
慢慢地熱度會退卻
此後愛情就是永難痊愈的傷口
只是靈魂指使著軀体依然會渴望一枚戒指

倒計时

从現在开始進入倒計时
就當生命已經所剩無幾
从此會不會沒有費解的難題
当時間裝進沙漏里倒置
一切荒誕的想法就煙消雲散
它讓生命有限張力無限
此時才知要做的好多能做的及時

現在已經進入倒計时
這樣是否足夠不勇敢的人改变動力
沒有生機遠近只算苟且
享不起波瀾憶不出昔日歡顏
跳出魔症的道德界面
以入無人之境的姿態
走出生命中本該有的無悔無怨

已經在倒計时
美丽的生命縮在时间沙漏裡
越發緊迫會手足無措
我的眼睛，你的眼睛
有沒有因為那些想法而准备哭泣
流出的不是一些泪
是頻頻沒頂的海
求生抵不過愛的潰散
既然被判了死刑
各就各位何必貪戀春暖花開
悬而難决的问题
拿不出主意就由它依舊漂浮不定吧

這一次肯定會抓住羅盤精算方向

永恒的太空遙遠深湛幽藍
我來自那裡美到詞窮的地方
兩個行星相互靠近需要上億光年
而你我分開僅隔了四百多年
难以忍受我們的追逐永遠隔著幾年
我踩著悲痛的步伐已趕不上你的那些年
跨越過半個地球才覓到你
不是你在逃跑是我沒掌握好時機

今天此時請闭上你的雙眼
別帶着震惊的愧疚將我注視
我的心很沉重但也不會輕易潛逃
可以用生命愛你但誓言已被我們撕裂成碎片
甩向这地球上令人絕望的轻蔑
別妄想得到同情和安慰

醒悟吧我們可以把精彩轉換成單調的白
打包破碎的往世全部倾倒在
冬季大雪覆蓋的北極上將它永凍
我的淚可以筑起一个透明宁静的华盖給你
從此餘生的沿途上再也沒有塵埃和污濁
但愿悲傷的重擔歸我而不是你

让我們把罪過和残酷的奢侈幻想遺忘掉
在愛與不愛間徘徊不值得久久分享
我不要再偽裝成不哭泣的倔犟
我愿意在悲伤的懷念中面对愛情死亡
前世的灵魂不出声但已經歸屬於你
它穿过太空仍象从前一样
等待著鑽入時空蟲洞重生再續把你糾纏
這一次肯定會緊緊抓住羅盤精算方向

四目相對

就在眼前你和我面對面
四目相對沉默中姿态不变
風加大了帶著雪落的声音传来
雪落在身上你淡淡的從額头上抹去
我們都感覺難擋寒意
和那些无痕的忧伤与舊事

渐渐地在清晰的純粹鏡片裡
温馨可以变換成各种面孔和姿态
在怀念中不快樂的也可以笑
在嘆惜中可以流泪也可以振作重来
心跳是加了提速器的永動機
企圖窮追在你的梦裡
只为尋覓到一个位置
佔據那個位置堅固的位置
追隨的时光里走得太遠太疲倦了
我不得不忧傷不得不彷徨
盡管太陽升起每一天可以重頭開始
分別太久不知从什么時候起陌生已漸漸侵襲

雪依旧醒着

雪纷纷扬扬今年來得迫不及待
依舊渲洩這一季的寒冷
染白了天與地
玻璃上浸染着你掌心的溫度
落雪是天和地的流年
飄雪的记忆裡從此有你

永遠是多遠
用光年计算到第八星系的遥遠嗎
落雪天看着你
燈光下的笑颜似孩子般燦爛
落雪天擁著你
電台中的情歌唱不到天亮

發絲上夾雜的雪花
當作對今天的留念
我妄想留住哪怕星星點點
眼眸里重疊的影子
映照着無聲的雪在蔓延
離別情緒已放縱的醞釀

夜睡了，你睡了
雪依旧醒着
不望誰懂，只要你懂
從此以後落雪是悲傷
驅之不散

一個命牌

你說你要借個地方
不知覺擄走了孤僻的心房
你撲面而來如阳光般閃耀刺入她的雙眼
就這麼對視你們無法張開雙臂

你說要沉思決定一個決定
慎重宣誓才不枉彼此
就在面對面把眼泪折疊成欲言又止
此時她該站在你前面還是後邊

前世抽中一個命牌上面寫緣定不渝
是上天神諭還是你鐘情久許
你喜爱地將重逢故事重刻在腦海裡
绕成无数的形式刻畫出精彩演繹
留待在剩餘的今生裡变幻著无窮樣子

她依舊嬌羞溫柔，你手掌依舊溫暖
柔软懷抱裡人生在軌跡中推進怎麼能輕松回避
不怪你更加爱惜又猶豫未決
愛情可以等候但不能漂泊太久等待難圓
以她可怜的陰影遮掩你內心深處熱烈的渴望

人群中認出了你

時間没有尽头也没有边疆
无边无际的期待可以當成幻想
人群中我認出了你接受你
遠眺是我守候你此生的盾牌
手中沒有武器只捧著赤裸熱切的心臟

接受你的現在，不是我今生的失敗
對你的誓言，時間即將是深愛的籌碼
在悲悲慟慟受愛戀傾瀉的離別裡
在哭哭涕涕受舊靈魂蠱惑的空間裡
在你吻了我的唇---失敗就不复存在

我接受無眠的黑夜裡内心掙扎
我接受黑漆漆的空寂在每一个清晨孤獨醒來
不必擔心我哭紅的双眼淚痕未幹
更不必擔心誰能撼动我這顆心而心旌搖曳

你接受空旷寒涼的冬夜一個人堅守無人送暖
你接受我告訴你的所有故事而踏尋記憶
你接受每一次發送問候的焦灼等待
也接受我不完美和種種無奈

我會到你的心中永駐
從此何惧殘缺的人生有狂風翻卷
在我紧抿而又冰涼的唇上
到老也有你的名字令我吐露芬芳驕傲自滿
也请你試著推演結局
有迷人的理想和幸福的日常在我们前方闪耀
別左顧右盼把我的熾熱测量
对你只有期待和此生相依的交付
無論如何無論怎樣我对你都完全接受

鞋子磨腳

鞋子磨腳
脚沒有選擇權
鞋子依舊不退不讓
玻璃渣子，陶瓷碎片
它們蠻橫地阻在眼前
必須要走过去
你是光腳還是另有選擇

這些渣子和碎片
往下滴落的血
和微弱的黎明火苗
眼前燈柱下正焚烧著眼泪
一串串晶瑩的珍珠
如崩塌的堰塞湖
楚楚搖曳的無助
依然沒有收集珍珠的手掌

眼前的城市正點燃美夢
为了安置美夢
需要燃燒一個人的熱量
必須强烈地奉獻
最弱的那人奮不顧身
壯烈似痴傻單純

掏出心臟勇敢撕開
透明的會不會太輕
捧著想送贈於人
收與不收太為難
走一步看天退一步望地
還是玻璃渣渣和陶瓷碎片

蒼白的皮膚不再需要陽光雨露

有一個被人忘却的地方該多好
讓人们把你我完全忘記而不再問起
有苍翠的树林和鮮花到處
汗水洒落把未來的美景一點點構築
这里無人熟識只有你和我
可以旁若無人愛到天藍地闊
懷中的溫度就是彼此最強的守護
这里滿天星鬥還有你和我
就這樣旁若無人愛到彼此白頭
兩把搖椅一本舊相冊是幸福的所有
偏偏這只是可憐的痴心妄想

請牢记那落雨纷飛的下午
还有我们相互追随的千辛萬苦
请牢记那心潮澎湃的夜幕
还有我们相互掙扎的沉舟破斧
沒有谁能奖赏給我们一個魚和熊掌的美夢
或许是我们不斷暗示给自己的白日幻想
沒有谁真的能為了誓言從此自廢不顧
我能奖赏你的就是我的整個心意和一輩子艱苦
沒有人能像我這樣甘願被你無條件的囚錮
從此我蒼白的皮膚不再需要陽光雨露

如同美杜莎的生生世世

我接受自己，孤單伶仃
就像接受離别和轉身後的冷清
如同美杜莎頂著蛇發的生生世世
囚在深深的湖底——这是命运

我接受你隨時准备為其他召喚离去
道路铺展成十字向左或向右由你隨意
哪里都上演失落和苦恼守候和歡娯
完美只存在有最高神明的殿堂裡
獻上我的真心如同獻祭的贡品
在那裡才能擁有世界上像你這樣完美的伴侣

我接受缺撼，不安全的人世連神都無能為力
我們只有在夢中找尋救世主的足跡
接受與放棄決定在我能不能堅持
在圓滿的結局裡是永远的觸手難及
賣力伸展的美麗智慧原來是自己畫的皮

我接受詩人的瘋癲在神智清醒之前
诗人的风衣擋不住淚水淋濕
詩和遠方的行攘裡卻裝著單衫薄衣
为了钟情的愛意留只言片語在复雜的世界裡
把冷清送给自己繁榮留給你
借厄洛斯的法力賜予你愛的權力卻孤身獨自
我只能放棄私欲陪着那不知所措的孤寂

本无法證明的宿命

我要忙于写詩
因為生命中的你已姍姍來遲
因此这般誘引用詩的靈魂作為指向
你赶紧醒悟啊
赶紧传輸幾世的秘密給你
脫離現實並非明智之舉

我忙於時空搬運
确定宿命中你會姍姍來遲
燒一件羽衣它化為塵土
本无法證明的宿命
你憂慮半生惟有融合接受
盡管那是你每天拷問自己我是誰而誰是我
不必东拼西凑获得些许安慰的碎片
讓历经輪回的靈魂去挑戰忘情的戰斗
除此之外你要安撫的實在太多

時間在另一空間延續
你我的安排不过是顺從的劇終
赤裸裸的愛情並非今世末日
倘若還是無比艰難取舍
接纳現在如同每日三餐一様自然
当你舒展眉頭献出你的顺從
决不要再悲傷到心痛不能自己
你被送到這裡不是只為了我而已
你已有鎧甲護體我可以不带遺憾開啟另一行旅
終點在潔白的雲天上帝

穿越愛情

不朽能代言愛情嗎
已忘记为失去的前緣宣誓
而滾滾的紅塵俗世
不該滋生的深深戀意
也许就是那年前明悲劇
柳橋躍落幽魂天外
贈你紗衣欲換今何在
只不过是一場場穿越尋覓
重生再會已難再會
可那溶入時光線的泪水
早已浸透累世宿命
新泪水裡的仍是舊滋味
允许它只不过多一点点的澀
但那已是隔世的淒淒思念
就在一念之間
就在信與不信之間
真實觸碰會印證你無由的向天索問

感觸是否會與我一樣

聽一首歌反反复复
最大音量隔絕外界僅剩自己
在制造一個情緒墜入那個情緒
我可以自拔但不願意自救
因為這樣可以離你更近再近再近一些
近到似乎就在眼前就在懷抱裡緊緊抓住

這一首歌你也曾聽過
回憶帶著舊傷潰爛眼淚已久治不愈
你的感觸是否會與我一樣多一樣深重
糾結著過去現在和那無從觸摸的未來
靈魂總在飄盪最難欺騙的是眼前溫度
不必你疑惑能給的都已掏盡我沒了自己

學一首情歌演唱給你
由前生傳到今世只怕已來不及真的來不及
我苦苦練習跟隨音樂起伏的頻率
捧著你的臉還是悲傷難以自持
因為你身旁的位置早已被人佔據
我只演一次請專心請旁若無人曲終煙來人散去

如果今生是前世的指使

如果人生有個回车鍵
是否一切都來得及，或者至少可以擦拭
太阳依舊灿烂玖瑰花依舊嬌艷勿忘我風幹不變

如果遇見後再不會遇見
月亮依舊朦朧一夜夜向圓靠攏
露水就不會含著淚，歸家的方向再已不是渴望

如果回眸一望沒發現情深意重
腳步会和緩又諧調，情緒早已格式化
哪管外面天有狂风肆虐山咆哮水汹涌行人匆匆

如果我張開雙臂擁抱的僅僅是友誼
我怎能嗅覺靈敏失魂到你迷惑香氣喪失控制
才会聆聽到你磨炼半生的艱難歷跡

如果那天沒掉入你的心窩
我不会跌落成你宇宙中心的流星
怎会抵抗不了你的魅力如太空黑洞無敵引力

如果今生相識是前世的指使
如果今生相愛是前世的延續
如果今生我是我你已不是你
如果今生你是你我已不是我
那真的有三生三世的你追我趕嗎而你信嗎

我的小妖精

天曉得你是多麼美好奇妙
你總是淺笑顧盼長發飄散
你耍玩笑的神態閃光自帶
我難以目盲掩盖對你追尋
不舍得三十六計逃為上計
抑或是該劍走偏心一橫
你狡黠花招花腔耍個不停
从不说出我期待已久的话
只恐我不夠堅定地珍爱你
只恐把你和其他混在一起
你独自躲在一边暗自得意
知道你總有妙计出其不意
你似乎是从来不走尋常路
比劇本精彩曲折催人落淚
你著世的追求比别人深刻
因此你只能擁有獨孤求敗
用巧笑无心掩飾風情萬種
我知道你就是倔犟太認真
从来不肯面對自己的內心
只要你願暗示點再暗示些
我便甘心對你伏首又稱臣

你不必驚訝或許只是虛驚一場

請容我懈怠一會儿
去坐到你的身邊
把我緊握的手掌攤開找個安放的地方
在另一只手掌前可以暫時放下偽裝
疲倦的心就可以顧及到呼吸是否平穩
我不太想追問更多故事
就不會变成徒勞追索的苦役

請容我懈怠一會儿
来到你的心裡暫時轻言噥语
借棲在左心房的宮殿中賣力演唱
这正是应该擁抱的好时光
离你最近的地方歸宿卻最远
最简单的愛情需要最艰苦的堅持
我在等候着也最终會把它歸還
必須積攢勇氣这是我拖欠的緣由

請容我懈怠一會儿
只是太執著堅守我會開始疲憊
雲層堆积黑夜已渐深
为什么让我独在另一個门徘徊等候
若是你太累若是你完全被歡樂侵略
度过这悠长的冬天我不會再凝望遙遙的阴空
以沉默来填满我的心像烏雲在星光中无眠
你不必觉得驚訝或許只是虛驚一場

想念就這般倔犟

想念
就這般倔犟
那顆心反复地重述这一句
就像漆黑祈求光明的照耀

想念
就這般倔犟
這是日夜引诱她的幽幽哀怨
正如波濤需要风暴用全力来掀起駭浪

想念
就這般倔犟
圍繞的都是透顶的無奈与虛妄
就像月亮隐藏在烏雲背後等待暗夜的召喚

請堅韌你的追求不要始於熱烈终止於冷清
俗世的無聊注定冲击成眼色的捆綁
而她尚餘的呼吸也依舊是
想念你倔倔地想念

聽誰說贊美是扇永不会关上的天窗

在切断俗世雜念之後
屏障已形成誰需要拯救誰
在萬千雜念的约束裡
隱形有翅膀誰感到了自由的拥抱
在細碎循環的繁復裡
歲月神偷能盜得走誰私藏的故事

是誰不断地向命運的軌道上耐心地
拋灑各種颜色和不同形狀的種子
有誰的世界裡已結滿了所贈的果實
放飛一盏孔明灯祈禱收獲的季節快至
誰不來沒有關系可以交由冬雪掩藏

聽誰說贊美是扇永不会关上的天窗
感觉敝亮的大门已可以被替代
快乐会含带上快乐何需彼此滲透
一切夢想互助能燃烧成飛升的光明
誰的愿望是將爱的果实永遠的分享給你

捧著手心思悟

被噥言細語拔動的纏綿悱惻有了梦的翅膀
随心所欲的人兒怎能繼續再簡單地幸福
她的目光輕柔如月光主宰着你跑步的路
在她面前你不加掩饰地为爱而神傷恍惚
在她心裡正默默地充满好奇偷窺探如何更幸運
聆听著你的自白等候的人有多么凄楚
你的心里已經熊熊燃起爱情的火爐
却還只能低垂着那颗沉重的头颅捧著手心思悟

假如我永远觉得還羞於请你光临

假如在我最美麗的年紀沒有遇到你
就让我永远感到恨不相逢
孤身獨影且奈何惶惑心慌
想必我在梦中都會带着莫名的哀傷

假如你沒有遇見我的強烈愿望
會讓我感到今生無份的遺憾
誰幫我把这流逝的期待染上颜色
让它在天空中飄浮舒展成搜捕你的網

假如你投來的眼神愛意慚深
我愿意在夜晚结束那场作秀的排場
就在黑暗中或灿白晨光裡
追隨著你的背影不緊不慢

假如日子在期待的闹心中度过
我的双手满捧着每日的孤單奉送
让我永远觉得我並非一无所获
念念不忘的在醒时都带着酸澀楚楚

假如等待已疲乏我坐著喘息
在尘土中还有悠悠长路让我望眼欲穿
让我永远记着下雨那天你就在旁邊
殘留手中的香氣多年後依舊會讓你激動不已

假如我永远觉得我還羞於请你光临
让我感動的是你深情款款娓娓告白需鼓足勇氣
盡管愛慕是一陳風自主地決定來去的掃蕩
因此我已開始计算着與你分离後的每分的每秒

享受一個擁抱

噓
不需言語
呼吸輕盈
把心跳調整到相應的頻率
就這樣安靜的享受一個擁抱
冰涼的空氣它會識趣走開
雙臂需要在加些力度
請你再擁緊一些再一些

就這樣擁抱開始痛恨時間
難以挽留也無從挽留的時間
就這樣擁抱不要理會靈魂
受限制的靈魂已領略此時無限的無數

再擁抱久一點再貪戀一點
你會感受到懷裡的溫度無窮無盡
你有沒有感受到圍繞著的愛雖然無邊
卻不需要此愛與彼愛的思索
也並非此愛與彼愛的負擔
更何況
昨天會成為今天的追憶
今天更將是明天的夢想

我保證，忘卻做不到

忘卻比愛戀難
比相思艱
比冷酷的冰川厚
比失魂落魄少

忘卻最磨心最瘋狂
它對比快樂
比北極光更炫目
它很難取舍

忘卻比得到少见
却比擁有多些
它再無法從頭开始
結束于谅解與否

忘卻時昏沉時清醒
比起所有身旁
比天空更遠的遙遠
但終生不朽

又是下雨天

又是下雨天
一整天
一個人
一輛車
一首老歌循環

一段傷
一個人
一條路
一股舊傷反复

想念求解藥
有多少算多少
不要給我太多
以免逾期
因為遲早都會失效

決定讓寫你的詩去人海飄泊

这么多的期待在城市的每個角落迷路
是谁在撥動著心弦讓我為他吶喊
当易逝的眼波为愛戀受傷掛彩
流轉入心房尋找一種專屬躲藏時
那个帶翅翼的天使射出的箭被遺弃
愛情，挂上新的標簽還好沒到期
因此我的悲傷和哀怨在黑夜徘徊
当陽光苍白投射到落地窗的中间
那些美妙的幻想打開螺旋槳叶片
在充满期盼和多变的城空中飛翔
你在哪儿，身邊的她是否依舊美麗

我们的故事還能否是纯白的記憶
和著夜的消沉天亮前會不會被抛弃
我決定讓寫你的詩去蒼茫人海飄泊
裝進漂流瓶抛向遠方任憑流浪
或許某年某天某地會被你偶然撈起
所有經久期盼都已穿上盐的苦衣
记忆里的一切僅剩下咸咸澀澀
以及诞生在那日表白的狂熱诗句
我用你未曾料想的力量還在堅持
盡量构思成不可以磨灭的傳奇....

當我年輕的時候

当我最年輕的时候
在陌生的城市耳邊盡是陌生言語
从成片椰子樹下望去
可以刺眼地看到一抹蓝色的天空白色的雲

当我最年輕的时候
周围的人们十分忙碌奔波
為生活，為事業，為夢想
我也失去机会繼續扮演天真的遊戲
当我最年輕的时候，
所有人都给我熱情的馈赠
獨行時總有回頭注目的禮遇
上巴微抬 15 度留下令人依恋的美丽而去
当我最年輕的时候
我的脑子里從不虛空目標設置清晰
奮鬥的動力日以繼夜不甘停息
哪怕陽光太熱情曬得黝黑沒脾氣

当我最年輕的时候
有了一個屋又一個屋在裡面獨舞
真是岂有此理為何我還會哭泣
卷起裙子在卑屈的沙灘上瘋跑嚎啼

当我最年輕的时候
跑車裡只反复播放著你刻錄的歌曲
擰大音量每個毛孔才能感受到你的氣息
溫柔的旋律總是催我重整戰衣

当我最年輕的时候
我非常幸運我有深情攜行我美麗才智
因此我决心尽全生去感恩上天所賜
就算那麼多挫折我怎能輕言放棄

可以心照不宣

不知在什麼時候
我們就簡單的相識
是空中的電波
還是緣分的磁線效力

不用追問原因
我們已可以心照不宣
是殷殷問候語
還是雙眸洩漏的寂寞

請不必訝異
我的優雅恰好搭襯你的倜儻
請不用回避
你的空間我終將悄悄的離去
請不用遺憾
我會留下足夠多的詩情畫意

單獨行程注定著漫長而孤寂
摸索著前行跌絆摔倒再站起
我不急，可以緩行也可以飛奔
我轉身，沒有道別不索求一吻
只剩下想問還有多久
你可以完全把我忘記

就怕那麼一次就僅一次

在这个世間上有許多人和許多事
總以为明天一定可以固舊老軌跡
有許多人以为明天一定可以再續

于是，就暂时放下或者輕易转身
心中所想明日又将重聚平凡稀松
因為固守平常和習慣而感觉潦草

以为日子縱是这样一天天的过来
当然也应该就这样一天天地过去
日复日年复年应该是没什么不同

但是，怕会有那麼一次就僅一次
就在你一放手一转身的一刹那間
所有的事情已經改变讓天地變色

教我們珍惜身邊所有的愛與被愛
太阳落下去而在它重新升起以前
放大欣賞的倍數釋放誇耀的功力

奈何橋上溜一回

躺著彷彿似卸下所有重擔
緊閉的雙眼扎進一道光亮
一高一矮身影忽閃又勿現
風衣墨鏡竟是牛頭和馬面
一言不發裝酷詭異太嚴肅
急急如律令在耳边緊催促
終於飄升起失重不可抗拒
身體已不停的質變再塌陷

分子質子粒子所知的物質
看到聽到聞到卻碰觸不到
過往時光在眼前不停倒帶
高清完整版並且超大屏幕
舊場景我旁觀得忘乎所以
對與錯都在身旁灰飛煙滅
哀傷驚慌應才是真相寫實
怎麼我還有獵奇躍躍欲試
弱弱地問可否收拾下行李
就這樣左右挾持不得抗拒

跨過忘川河便到奈何桥
熙熙攘攘人群沒有等級
沒有售票窗口稀罕插隊
傳聞的孟婆等在橋那旁
她就不抬頭我也必細看
枯槁手黑的碗混濁的湯
順序老套造型沒有新意
聲音尖銳我的汗毛倒立
喝了這碗湯容不得商議

散著輕煙任憑怨魂斷腸
枉你百般無奈萬般不舍

一饮而尽曲會終劇將散
没人躲得過無人逃得開
走完奈何桥藥效真奇妙
心静如止水身輕如飛燕
親還依依戀傷心道永别
我已等在了下世的路上

我與你有大不同

我與你有大不同
凡是愛了便橫溢專注
我識得抓住愛情是生命的意义
即使被激盪的情感所灼傷在所不惜

我與你有大不同
你總是畏縮不前又探頭觀望
愛情是快乐与苦辣对滲的暗物質
既會难过也萬分在乎直至相厭煩棄

我識得愛情的原质是矛盾
极端的，灵聖的，糾結的
美丽的神话是理想的快活

我誓愿賭上这天赐的幸福
埋在悲痛，无望，寂寞中
挨过一個十年和下個十年

等自己的傷口一次次结痂一次次撕裂
這一切我都在沉寂無声中承受
靜默默地等天来安置
没有多言一句

信仰是一座孤島沒有山

信仰是一座孤島沒有山
黝暗淒涼经不起狂风
怒嘯的第三個颶風攜手巨浪
如果你不堅定，不堅強
那驚懼那囧困會將你攻陷
伴著冷澀淚水單衣薄衫
唯有信仰，燃燒信仰
才能夠在對與錯的中间安睡

凡俗的骄傲是衝動的果实
必經萌芽，生命中任性不容你
趺趺撞撞献出你积累的馨芳
交出層層疊疊受过光热的每種颜色
疲於奔命沥尽你最难堪的酸怆
这时候使勁哭泣奮力呼唤
等不著援手扯不到救生圈
只要低低的靜靜的守著信仰
飆风演成歌唱波濤成舞蹈
这夜，那夜，未來夜不再淒慘....

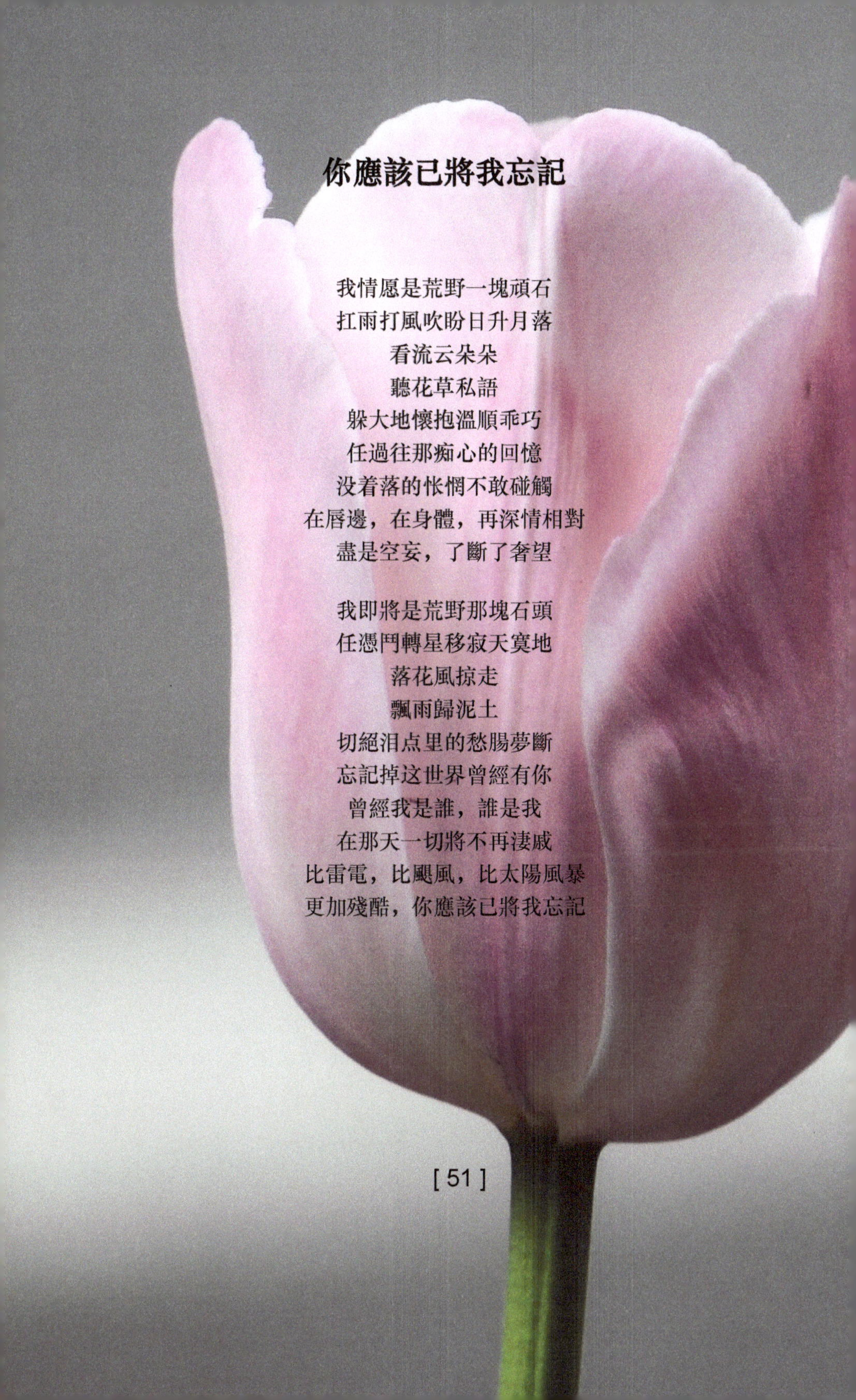

你應該已將我忘記

我情愿是荒野一塊頑石
扛雨打風吹盼日升月落
看流云朵朵
聽花草私語
躲大地懷抱溫順乖巧
任過往那痴心的回憶
没着落的怅惘不敢碰觸
在唇邊，在身體，再深情相對
盡是空妄，了斷了奢望

我即將是荒野那塊石頭
任憑鬥轉星移寂天寞地
落花風掠走
飄雨歸泥土
切絕泪点里的愁腸夢斷
忘記掉这世界曾經有你
曾經我是誰，誰是我
在那天一切將不再淒戚
比雷電，比颶風，比太陽風暴
更加殘酷，你應該已將我忘記

在穹頂之下寧靜的澄蓝里

我憑借這怒氣的噴發
和哀怨綁架了清醒的灵魂
在狂躁發洩的一吐為快
如同挥动著得勢的利剑
一招一式有所向披靡的孤傲
锋芒盡露，虛張聲勢

我憑借生活歷練給的啟示
在歲月的寒光下驕傲被磨滅
夢想會變成噴吐的煙圈
迷濛中繼續與舊时光的糾纏
假裝著對殘酷現實視而不見
和懦弱陰霾裡的自己做著猥瑣交易

我要向宙斯大帝祈借無敵霹靂
剖取一個无暇的透明天地
攀登一座座高峰
跨越跳躍過云朵
迎向霞光俯瞰着無際海洋
在穹頂之下寧靜的澄蓝里
歌頌出我的悲哀与感慨
奉献出我最後的一滴熱泪
我的信仰，我的熱愛
我一生望眼欲穿的期待...

儒弱者的流星

站立，或者是蹲下，
别總这樣委屈弓著。
如同一只熱水中的蝦子，
用洪荒之力作垂死掙扎。
站立，或者是趴著，
再這樣忍氣吞聲憋著。
難道非等到氣盡息絕，
才讨论我们本可以吶喊的一切。
其实是不难以想象的，
并不是黑暗，而恰是昏鈍，
希冀将怎样得以延续!
或许等有流星出现，
拖曳着亮藍的尾巴劃過，
給儒弱者的祈禱嗎?
让它们闪光、燃烧、美夢成真?!
挺胸，不要像個膽小鬼!
或永远躲避，象第八星系那样，
若隱若現而冷若冰霜，
摈弃黑暗，又沉溺于黑暗之中。

倘若+倘若=多好

倘若可以無畏買醉的激烈過敏，
就讓自己豁開暢飲壯烈酩酊。

倘若在閒暇午後一切就位，
就在潔白窗幔后思考些瑣碎舊事。

倘若认真地沉入思憶會擊潰心房，
就讓自己獨單地陷入柔軟沙發裡。

倘若舒舒服服地連著大口叹息，
或許回忆并不是件愉快的事。

倘若能在生病的日子亂發脾氣，
是不是優雅得體形象盡失。

倘若只是一直沿着走惯的方向，
就會到家有一个人迎在門口親你。

倘若必須精致的谎话才能够活着，
難道就没有风險也没有了憂慮。

倘若的倘若一直在倘若著倘若，
便多好的多好要多好就有多好！

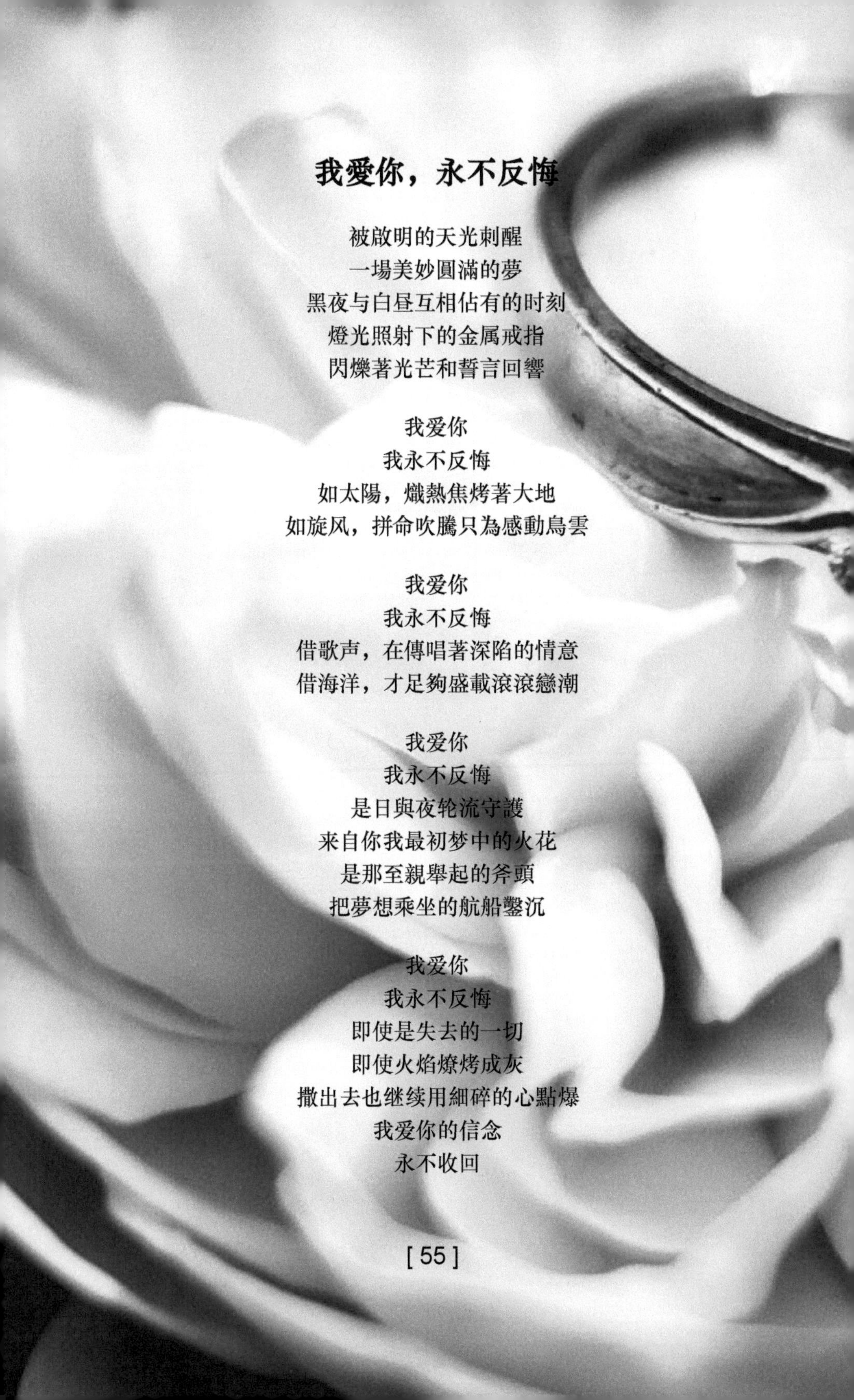

我愛你，永不反悔

被啟明的天光刺醒
一場美妙圓滿的夢
黑夜与白昼互相佔有的时刻
燈光照射下的金属戒指
閃爍著光芒和誓言回響

我爱你
我永不反悔
如太陽，熾熱焦烤著大地
如旋风，拼命吹騰只為感動烏雲

我爱你
我永不反悔
借歌声，在傳唱著深陷的情意
借海洋，才足夠盛載滾滾戀潮

我爱你
我永不反悔
是日與夜轮流守護
来自你我最初梦中的火花
是那至親舉起的斧頭
把夢想乘坐的航船鑿沉

我爱你
我永不反悔
即使是失去的一切
即使火焰燎烤成灰
撒出去也继续用細碎的心點爆
我爱你的信念
永不收回

遇見他

柔情盪漾怎能安然無恙
詩意繾綣，心旗搖晃
燦爛瑰魅一顰一蹙不必抵擋
我在迷的字句裡種下奇跡
虔誠地期盼他俯身拾起
我帶著情意一步步催促
雖終究散去但不願錯失

遇見就是這詩行漏落的思念
我就在那天故地咖啡里
一轉身流離一轉身相念

遇見帶著不折不扣的驚艷
變幻成華麗悲慟的詩篇
他不必在意也可以丟棄

遇見他遺落的風景久違的愛情
我將掂念鑲嵌在落日雲彩裡
日日看不變年年看依舊如初見

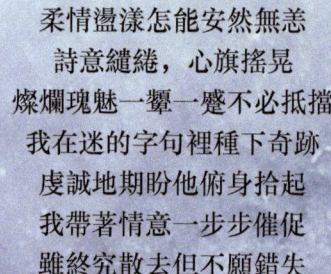

40 年的洪荒之力

睡下，是退潮
醒来，是一次次潮涨向你逼近
是熱切的躁動
是訴不尽的鐘情
是 40 年的洪荒之力
在扑向你的一陣陣熱浪上
写满多少痴迷你的嗜好

那一缕缕幽香的卷发
那嘴角上揚的壞笑
那纖細的雪白腰肢
那側脸溜出唇边的呼吸
那随你转身披衣的一幕幕风情

可惜所有靠近你的熱潮
被距離的遠，举起砸碎
被屏幕的光，分解吸纳
日日夜夜
不停地荡漾骚动翻滚
积蓄体能
积累爱的诗篇
积攒星斗般大小的希望

有一天，我将飛越千洋
到達北半球上空
狂述每天每夜的相思
我将掀起比他更高的浪潮
尖叫你的名字
冲向你三百六十五天
冲向你一年又一年
冲向你比生命更久远
緊緊擁住你
直到把你拽入我大海般宽广無盡的爱
永不放手...

一片雪花

假如我是一片雪花
翩翩在半空里潇洒
就已經认清了方向
作為我那一片雪花
不去那冷寞的幽谷
不去那凄清的山麓
也不上闹市去惆怅
你看我有我的方向
只沾湿在他的身上....

危世機

天高任鸟飞
不到无天长
地久有时尽
搏翅羽稀稀
掷声力不支
昂天立难固
伏地危世机
心大身子小
眼高技穷兮
怨天高无梯

雪不知冰

雪啊雪，
你应承着冬的邀请，
释放着皓白的纯洁，
展示你對冬的忠诚，
顧不上北風的殷勤，
你细微无声轻飘漫舞，
却气势磅礴光泽耀日，
你的出现让尘黯然神伤，
而雨終究是你的情敵，
可知冰才是你最坚实的归宿...

忘記一杯咖啡

忘記一杯咖啡，
忘記承諾和負擔，
倘若沒了期待呼吸可以更快!
曾經等待過咖啡，
眼望白天連黑夜，
任憑焦躁揣測攻破往日步調。
承諾於你是空閒遊戲，
期諾於我是真心善意。
时光一晃咖啡飄烟，
可以煮可以買，一杯二杯三杯..
等待不到咖啡，
憧憬着苦和甜。
許諾錚錚誓言繚绕耳边，
沒有開始沒有過程沒有遠方..
咖啡易涼換成了茶，
不必空待只等水開，
孤單中泡泌出我冷靜的色彩。
快乐连著那柔情的风信兒，
都会时时为我传递詩情畫意，
所以我含笑着等咖啡到明天的明天
所以我会微笑着煮茶到永远的永远

兩個患得患失靈魂遇見了彼此

昨夜下了一場透透的雨
時間在驟來的夏夜疾雨凝固
猶如那年那月那日揮手再見

今天的雨依舊傾洩難休
記憶的碎片漸漸匯聚眼前
雨雪交加困頓且狹窄

遲遲不肯離去的冬天
舍不得大地如我舍不得你
兩個患得患失靈魂遇見了彼此

雨一直下一直在下
恍如那國那城那角落叮嚀珍重
有些言語難啟齒欲言又止

烏雲它盤據不散去
原鄉沒入夢裡黴途漸行漸遠
我們立在這個城市流浪許久

昨夜下了一場透透的雨
這般霸道它不可一世
仿佛尋覓萬千正是此時愛迫咫尺

只为等候到那双慧眼

灑落土地的精靈啊，
沉穩安靜的等候著，
無謂虛華貴麗，
不奢特立附庸，
只為君識彿如....
沉默的低吼是你的德行，
把瑰丽隐形到内蕊，
收敛着光芒四射的轻狂，
只为等候到那双慧眼，
孤独千年又如何！

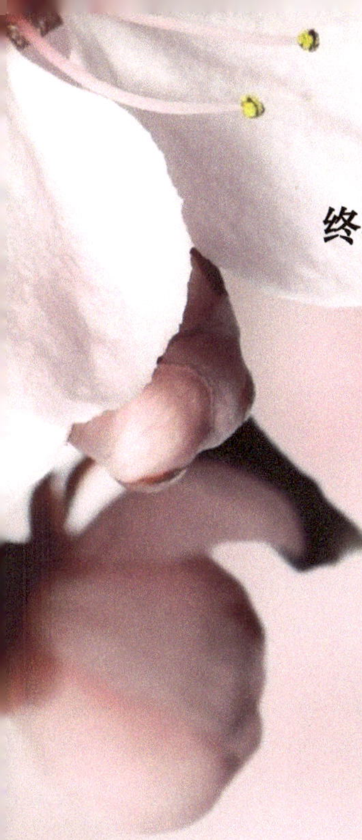

终有那樣一天，我能与你對視

時間飛沙走石盜走千年
歲月裡眉梢中應证荣耀和屈辱，
彼此不屈不撓默默陪伴著等待著，
等待天地浮移將你我湊近。
故事久遠充滿敬仰消泯不散，
或许它们从不曾转身看对方一眼，
平行却共对潮起潮退
日出日落、风雨海浪，
每一座獨自訖立的佛塔啊，
尤像是我遇到的每一个人
经过著，寻觅著，
只是你还没有来啊，抑或已离去，
世間浮屠也许你就是那，
某块砖，某片瓦，某颗石子
嵌在墙里在屋顶在那朝圣的路上，
每次的擦肩而过无缘面见，
终有那樣一天，我能与你對視，
敘彼此千百年漫長冗沉的相思，
期盼着拥扶着对方走过余生，
輪回到下一个来世滄桑
继续追隨着彼此的腳步..

自从遇到你

每次
你说话的时候
花儿从你嘴角飘落
那次
落泪的时候
冰雹挟雨敲打心扉
未及披上战袍
心已被捆绑
一雙壞壞的眼神
悄悄把夜灌醉
潜入骨子里
慢慢地
控制我
溶化我
把我击垮
再整个吞掉
拔出一条肋骨
溶入你的身体
把灵魂与思想撕碎
交予你挥霍
疯狂如斯
故事才刚开始
自从遇到你
我便不由自已有了分身

叩首告别

就这样叩首道别了
甚至省略掉最後一吻
世间哪有什麼再回头
河流呢 從不肯奔馳逆溯
草木呢 一起枯黄不再返青
我们呢 也應景来相约吧
相约著要把彼此忘记
只有這秋风总是不肯停止
总是惶急地在林中縱横
在山谷裡，在熟悉的街角
在我斑驳穿孔的心中穿梭
扫过啊 那些紛繁飄落的葉
終歸敵抗不過強大的地心
墜落在地上腐爛在深秋

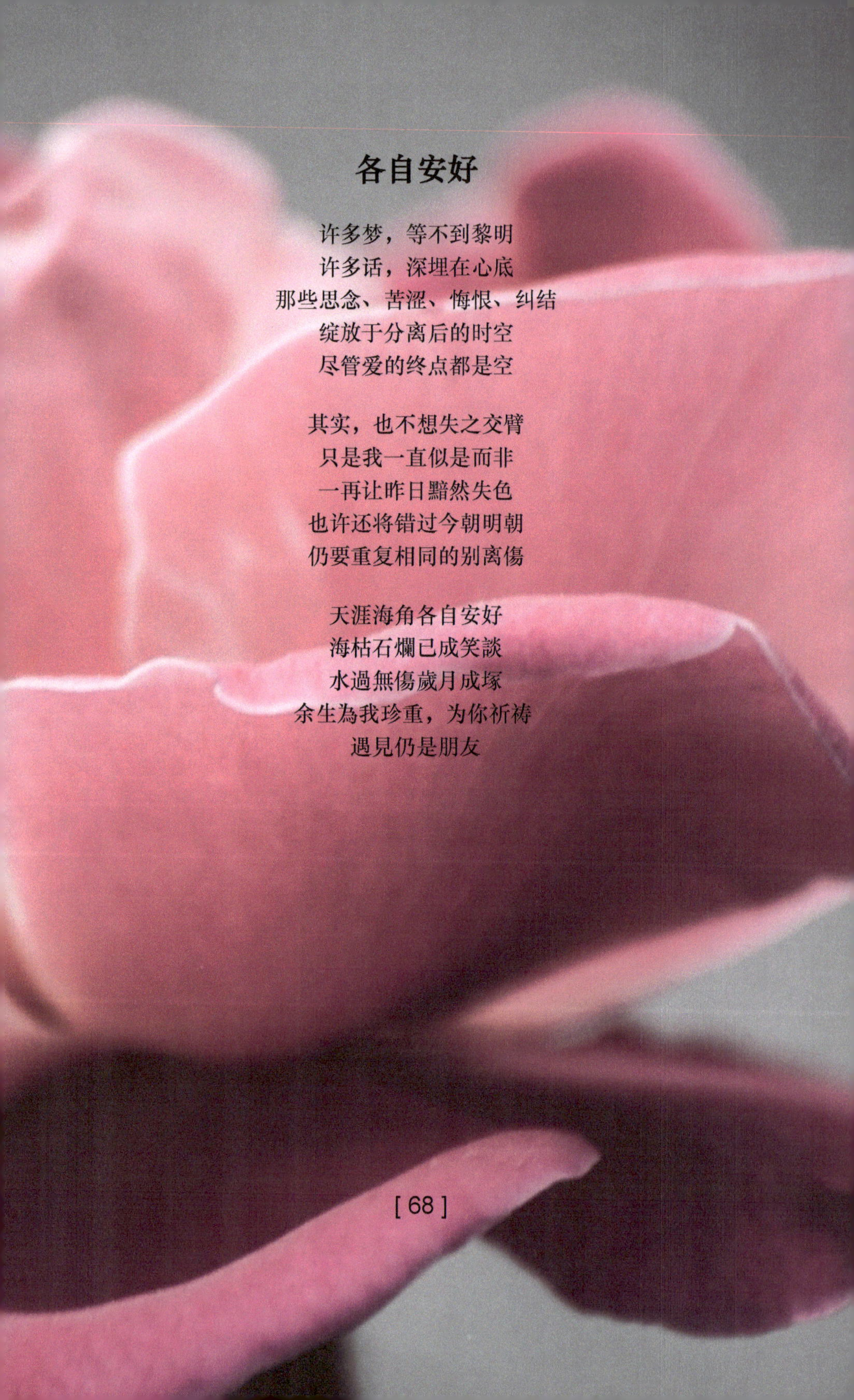

各自安好

许多梦，等不到黎明
许多话，深埋在心底
那些思念、苦涩、悔恨、纠结
绽放于分离后的时空
尽管爱的终点都是空

其实，也不想失之交臂
只是我一直似是而非
一再让昨日黯然失色
也许还将错过今朝明朝
仍要重复相同的别离傷

天涯海角各自安好
海枯石爛已成笑談
水過無傷歲月成塚
余生為我珍重，为你祈祷
遇見仍是朋友

第 40 層扣押

冷酷摧殘著油門，
發動機放肆咆哮著，
眼前草原与山巒，
似張牙舞爪狂乱的吶喊，
天地结成一张落魄失魂的网。
于是，飄搖的绝望在加劇，
它翻云覆雨撞擊忐忑茫慌，
已扣押住我的心房，
那深处 40 层的地方。
我動抖彷徨驚慌失措
如剛割裂母體的嬰孩
急覓，一个安全的角落躲藏
堆砌，幾面疑惑斑駁的洞墻
向跨越天際的彩虹狂奔
借一点横空出世的暇想
為苟且生活的黑洞盤剝
作一点艱澀无奈的掙扎
(2016 極冬寒夜)

越過畫架

畫架上，淡描濃抹的顏料還沒幹
它不知道太陽其实已经露臉
在自己的腦中懸掛著一幅成品
才能够信手拈來瀟灑塗鴉
门隙的微亮预示着今天的到来
是不是又见陽光明媚
或是又感秋風清涼
俯身看见陈旧的照片模糊泛黃
在七夕發發牢騷假裝已釋懷
尚需多畫一天才可放松歌唱
其实白畢竟是無敵的白
淹没在濃艷的色彩里还是那么倔犟
黑夜累了它還沒困
本以为夜跑去入梦
却在山涧的小氣溪里
偷到一抹白色的月光
它要照亮我回房的脚步
还是要照亮我的臟衣裳
顺着光的指向
它讓我找不到夢和远方
趕把窗簾捂緊，刺眼....

雨還在下，它不作罷

雨一直下，它不願停..
舉著傘，在你必須經過的巷口，
我反复练习開口 Say Hi 的語氣，
呼吸急促羞澀難抑，
失控如缺氧的魚。
潮湿空气，
焦躁情緒，
我把自己揉碎在雨里，
沾住你的發，你的身體。
抬眼望去，
驚见前世，
你是門前結網掛住我的絲，
一陣驕横的風把我吹離。
愛与痛不能徹底，
前世與今生不斷輪替。
雨還在下，它不作罷..
纏纏绵绵紛紛擾擾，
借我向恨海情天倾诉衷肠，
莫不是前塵往事重蹈覆轍。
我無助的滴入泥土，
而你已踩過我的身體出發..
2017.9 雨

我屬於這裡，你在遠方

你喚醒我內心殘餘的渴望
帶着贊美和驚艷的口吻
派遣甜言蜜語擁抱我
潛入我孤單漂泊淒涼的心
把我揪進柔情漩渦裏
迫使我暈眩漸失抵抗
以為我波瀾不驚安若自在
不自覺，心漸漸洶湧澎湃
不敢確認，愛偷偷降臨
我屬於這裡，你在遠方
缺憾看不見你也觸摸不到
為何就這樣頑強落地生根
在純愛的世界裡厚厚成繭
任睜眼閉眼相念久等難見

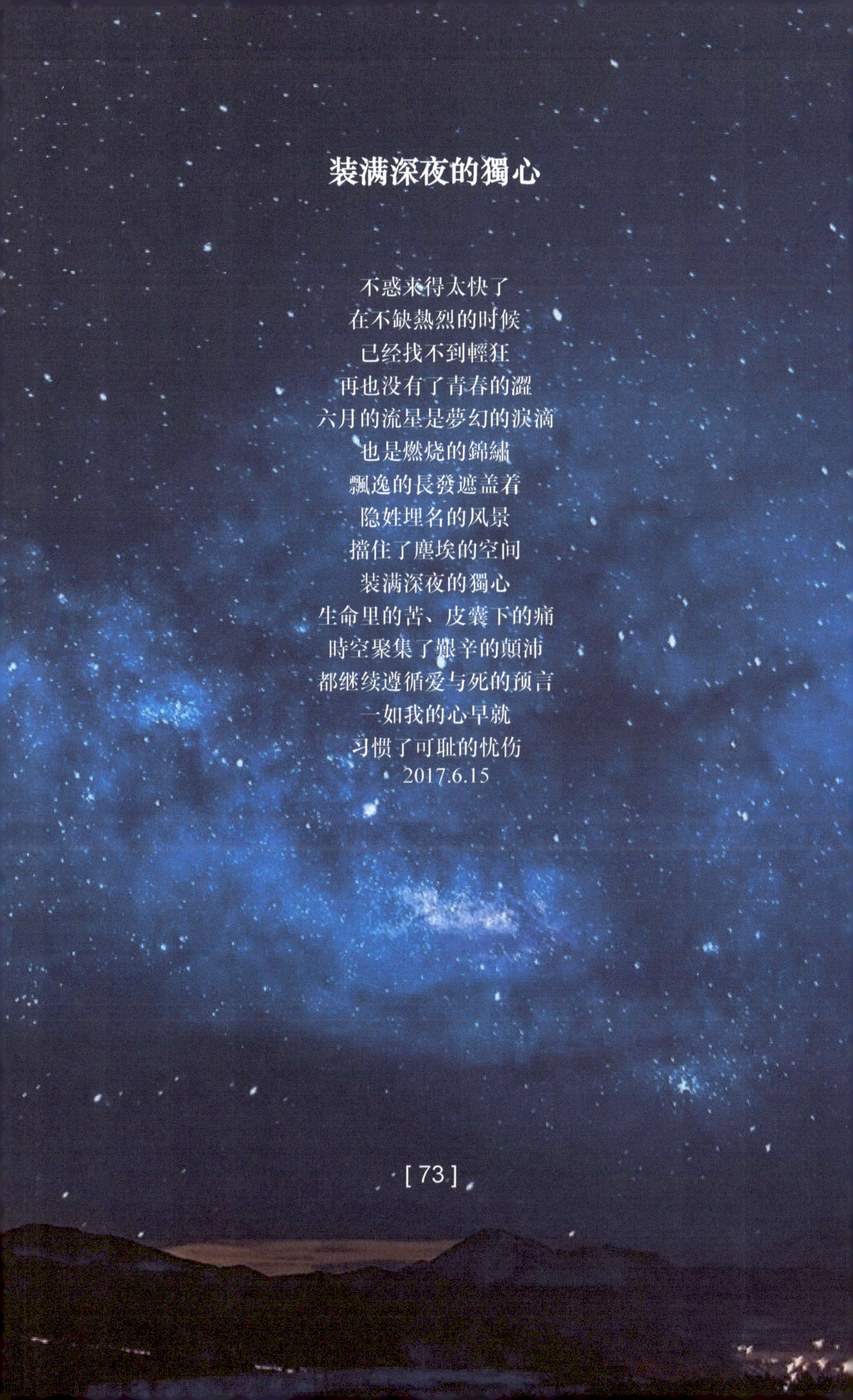

裝滿深夜的獨心

不惑来得太快了
在不缺熱烈的时候
已经找不到輕狂
再也没有了青春的灑
六月的流星是夢幻的淚滴
也是燃烧的錦繡
飄逸的長發遮盖着
隐姓埋名的风景
擋住了塵埃的空间
裝满深夜的獨心
生命里的苦、皮囊下的痛
時空聚集了艱辛的顛沛
都继续遵循爱与死的预言
一如我的心早就
习惯了可耻的忧伤
2017.6.15

一隻被掏空的海螺

被大海無情拋出懷抱，
卻無力與它徹底剝離。
我不张望遲疑的泡沫，
只矚目堤壩上的蝸牛。
看他们挪移著自由，
尋找帶水草的濕地
过往的海浪多情阵阵，
我無法抵禦的遭到撫摸，
像盲人手掌下摸索的花朵。
我四周不停掠过许多生命，
它們總經不住遠方的誘惑，
勾搭上浪漫又漂泊的潮汐。
我就静臥在沙灘，
不動不移。
一只被掏空的海螺，
身不由已。
(2017.9 秋)

那一天.哪一天

那一天我的車停在老地方
熟悉的橋上繁忙夜燈初上
等待如約而至丟失了笑意
那一天我的手沒牵你的手
泛藍的夜空緊锁起了眉頭
縱千言萬語不敵難以啟齒
那一天你和我確定了方向
两人各认取了生活的模样

到如今我的車已駛不到那橋
橋燈下的夜景常在夢里飄搖
到如今絕望總在我背后徘徊
层层的枷鎖將你我囚困四週
到如今我还记着每一晚的風
燈光、淚光、忽閃閃的星光
哪一天多希望重回到了橋邊
讓那记忆如電影般從頭再演
哪一天定要跨過這千洋萬裡
那便是我停入当年泊車老地
哪一天故事結局會否另模樣
2016.11

刪掉是唯一通路

结束话不投机貌合神離的追逐
只須表情麻木甚至狂亂煩躁
從頭到腳
從骨髓到發膚
從開始到謝幕
從最初的悸動到乏味的遷伴
從黑暗中的理智到陽光下的焦灼
那些東西與我繁复糾纏不休
刪掉是唯一通路
我卻無從下手
它把我拖入夢境中便無法驚醒
而我已發現上天在不斷的刪除
把白天和黑夜
把活著和死去的
我的人生仿佛天上的虹
绚烂却又难以托付
寻找依舊是我痴痴的腳步
終止在上天把我刪除的那刻
(2017.8.立秋)

他到了

突然他決定出現，
帶著風。
迎著風，
必須緊抓住裙擺。

頭發早已吹得淩亂，
逆風的還有一顆心！

黑色鏡下沒漏表情，
在張望。
在遲疑，
不太習慣有些羞澀。

關切的眼神投遞過來，
終於綻放了溫度，
按捺不住飄飛的頭發，
吞咽已投降緊張，
掩飾不能被發現。
他霸道如舉著鋼叉的海神波賽冬，
而我，成不了安菲特裡忒！
(於 2017 秋風涼)

沒有說再見

揮手
沒有說再見
是彼此最後的默契
你下車轉身疾走
垂著頭，沒回頭
我趴著車窗遠望
追著你的背影
熟悉的背影，曾經溫暖的托付
多少的憧憬，從此交錯各一方

沒說再見
沒有了祭奠
想不起淚花滾滾肝腸寸斷的那日
卻種下牽掛綿延日益加劇的思念
沒說再見
或許還能見
(2011 年冬雨季濕)

冬@春

冬，無論你在不在意
春如約而至無憂無喜
盡管你挾持著北風
施展開漠視的傲嬌
飄飄灑灑似乎作不眠不休
白色終究充斥著誘惑
雨躍躍欲試已妄圖親近
有百分之四十的可能
我們都要低頭看穩腳步

春，立與不立雪都在那裡
冬還有多久離開
你似乎也不急著催促
尚未準備好登台亮相
因為酣睡的餘困微醺的酒精
再完美的拖延一下光陰
似乎我們不必回頭望
該慶幸年輪暫留最後的純白

難送

又是一夜寒雨
濕了天濕了地
濕了舊記憶
氣溫驟降如人生過場
有風搖有雪盪
盡頭終究白茫茫
縱有我卻沒有你
距離不斷扯遠
看不清正面
為何要留下背影
你走得太急我也不送
說一聲再見太苦
道一句珍重太痛
贈把鎖請別告知密碼
任積灰深重
終有天我會找到打掃的借口

紅綠燈

前方十字路口
停在紅綠燈前面
對面一串閃著左轉的燈
我這邊僅自己
車外四週黑沉沉
好似當年
你向左我向右
從此我們交錯
從此一錯再錯
大提琴伴奏的樂聲敲開了
逼迫忘記的遺憾
幾多重鎖不敢回頭觸碰一眼
用多久愛你
用多久忘你
時間還不夠
時間有些慢
它慢慢的煎熬著
或許它在等待著白發出現
兩眼昏花找不到開鎖的鑰匙

僅僅

你不必太在意
每個人都有些舊事
或故事或事故
回憶在腦中缺個開關
有時偶爾恰巧的觸景
傷感生情就如同電波扭閃
時間走著走著已有抵抗力
相信我如同相信你自己
無人能徹底洗刷過去
但僅僅是過去已過去
它似走過的路看過的風景
偶爾咀嚼只有淡淡味道
僅僅而已

慶幸所幸

我呼喚著心中的那個魂靈
出現了，出現了
離得並不遙遠，在不遠
跋山涉水尋覓許多春秋
幾多絕望，經曾誤判
還好，慶幸還好
你出現了帶著笑帶著故事
還好，所幸還好
我顏未衰帶著疲憊帶著舊世
望著你的手
可以去握緊再緊
但必須適時放開恰恰轉身
請原諒狂風驟雨
我們各自泥濘太深

洋甘菊的春天

冬依舊寒冷
春天還是遙遠
靜悄悄的隱藏或腐爛
陽光沒有熱度它眷戀著雪
沒關系沒關系
至少在溫室的一隅
還能轉向它頷首
洋甘菊的天有了春的盼頭

聽說

一切都是聽說
僅僅是聽說
該安慰還是解釋
我始終堅持那份堅持
盡情享有它的刻骨
你若不護初心
放棄或信賴由你
本來嘛
想走的不必留

眼淚

一雙眼存有多少淚流
該問誰
聽說儲存淚水的是心
答案嗎
一顆心能有多少淚水
未知數
我已經流過太多的淚
數不清楚
直至心不住的抽搐疼痛
停不下來
日日夜夜地尋找著辦法
唯一辦法
救命開關就在你的手裡
而你在哪裡
倘若我等不到你的消息
在某日某時
千萬不要為我哭泣落淚
因為剩下的已被我帶走

忘記

答應過彼此
要狠狠忘記彼此
我無恥的毀約
這一次不聽你的
怎能聽你的
倘若非逼著做到
請把屬於我的故事
與你剝離
還給我

解憂丸

忍耐……
是一場不知所措的拖延症
即使心剝開血淋淋晃盪
直至挖出血管
也依舊是孤獨的淒冷
找不到熱情的因子
因為那個人已經走丟許久
留下給你的只是不甘而已
想不通承認在當初明明是入了心的
為何就剩下你做困獸尤鬥
說女人為愛尋覓一生
是痴心抑或太妄想
找到了又是誰奪剝了擁有的權力
說一切緣分天注定
可到頭許多人溺水三千難取一瓢
那為何情深重傷藥無解
怎奈太陽依舊升起光線刺眼
請給我一顆解憂丸
不必須忘情水
沒舍得忘只求減輕症狀

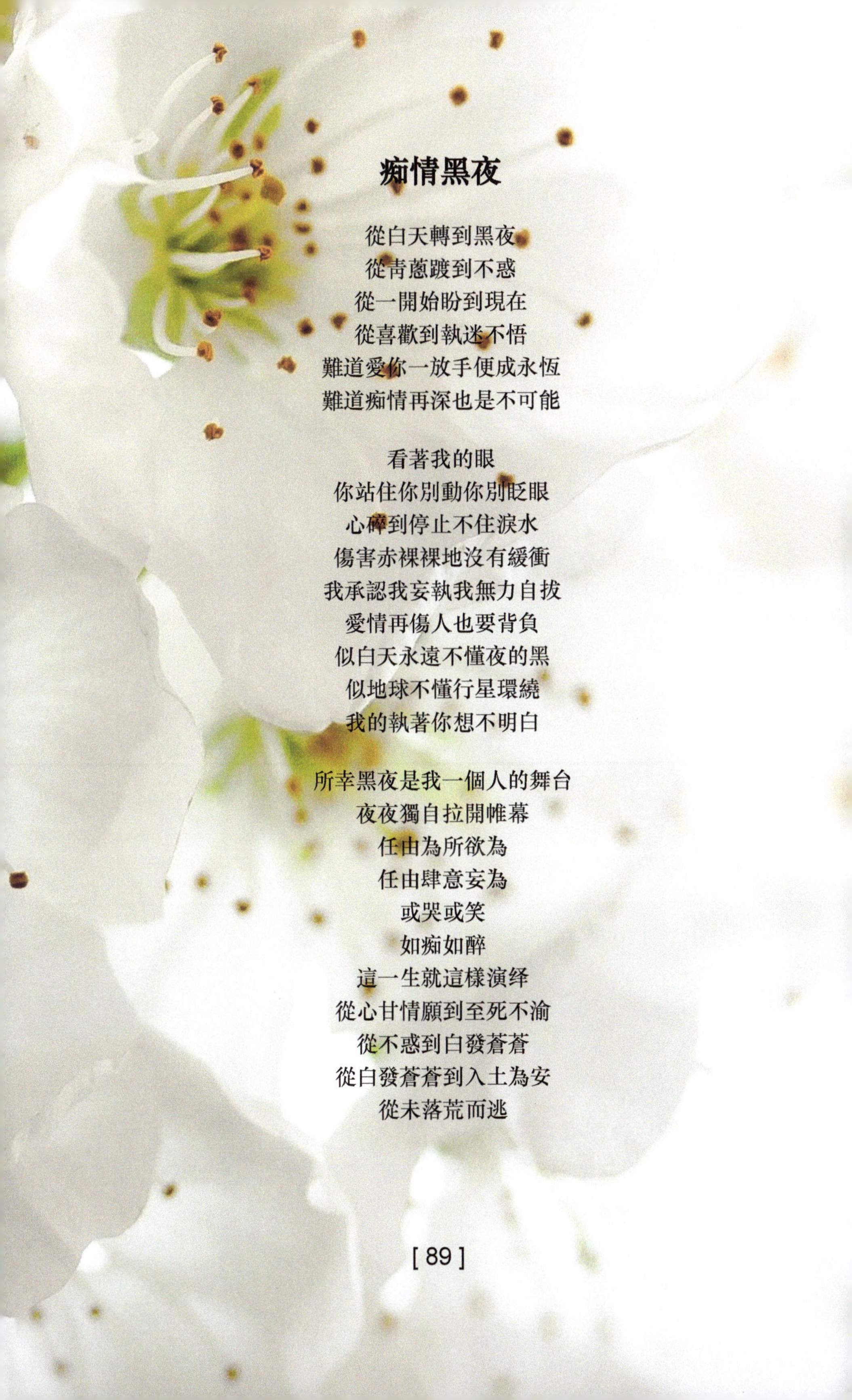

痴情黑夜

從白天轉到黑夜
從青蔥踱到不惑
從一開始盼到現在
從喜歡到執迷不悟
難道愛你一放手便成永恆
難道痴情再深也是不可能

看著我的眼
你站住你別動你別眨眼
心碎到停止不住淚水
傷害赤裸裸地沒有緩衝
我承認我妄執我無力自拔
愛情再傷人也要背負
似白天永遠不懂夜的黑
似地球不懂行星環繞
我的執著你想不明白

所幸黑夜是我一個人的舞台
夜夜獨自拉開帷幕
任由為所欲為
任由肆意妄為
或哭或笑
如痴如醉
這一生就這樣演绎
從心甘情願到至死不渝
從不惑到白發蒼蒼
從白發蒼蒼到入土為安
從未落荒而逃

我怕

我始終不願離你太遠
我生怕耳朵
打聽不到你的消息
我始终不敢触碰你我的故事
我恐懼過去的浪漫
風起雲湧
霹靂閃電
依舊摧枯拉朽的艱疼
它不眠不休
我血肉模糊

沿著詩一路向上

（紀念洛夫先生）

在冬季大步走遠的這一天
在你不舍告別的這一天
此刻时间空間失去光照
只泣零零的哀傷彌漫延伸
詩歌和追求已塵埃落定

在放下一切執念的那一刻
在來不及揮揮手的那一刻
一切最有价值的时间
赤裸裸的降臨
留下每行每首每冊
無須审判都是如此高潔

棄下那些虛空与繁荣
金色灵魂已沿著詩一路向上
时间會為你揚銘
歲月加倍為你稱贊
再不必隐誨，寫盡白與黑
怎樣的灰色調，任你恣意
始終你綻開的是一朵雪白的莲
在挺拔的青梗上秀麗欢欣
在一汪汪混濁之上閃耀榮光

誘惑

我从不怀疑你的熱烈
只因你激蕩的每一次
我都深刻難忘
我不願把你的謊言拆穿
当成把柄
因為美妙冒著七彩的泡
我怎肯棄你而去
那些从你口中
辗转出的誘惑
鑿穿了我的心臟
鏗鏘着
疼痛

不動

我沒有動
什麼也沒動紋絲不動
任憑思維逃脫
任憑所以愉快的不愉快的
自由散漫侵襲
怎麼做都不对
怎麼想都乏味
怎麼你都不松口
怎麼我還不松手
连埋怨的言語都觉得有點多餘
連期盼的好夢都覺得已疲累
我沒動再不動
因為只好學會自我安慰

一趟

我不知道愛情
有沒有演繹的劇本
總有些羞澀
在措手不及的徘徊

我不知道等待
有沒有時空界限
總有些徬徨
那麼執著我被沉醉

我不知道爭執
要不要究道理對錯
總有些疼痛
分岐是無法逃脫的傷

我不知道結局
要不要卜千年修行
總有些遲疑
自古絕美總落得淒涼

我扭不過時間
會不會給我們留下一點
總停滯梦中
在梦的虛幻里飄渺

我扭不過救贖
會不會有天使自天而降
終須要脫逃
那裡一片白和無盡花海

诗评

读侦子的诗

文/安城

贞子既是一位特别的诗人，也是一位具有独特意识的画家，她所写的诗令我感受到极富个性化的色彩，读过的文字可能无法句句吟诵，而留下的诗感却已经常留心中。

第一次读到贞子的诗，感觉到一种艰涩，或许是修辞，或许是语词，就好像在慢行悠然的脑电波上突然传来一种来自光年之外的电磁干扰，这种艰涩感同时又带来一种特别的吸引力。

那是一种在丘陵间穿行求索，但是却不易看见一片风景的模糊感。又好像在丛林里循着斑驳的月光寻路，却不知不觉陷入了一方情与伤的迷境。

在逐渐变得清晰的迷境里，我终于看清了那些岁月的痕迹和情丝的踪影，却反而不堪忍读一行行悲伤的文字里那几世绵深的执着与向往。

感到贞子眼中的世界，其实她并不希望仅用这几行文字就表达得透彻，而这些诗篇则像一盏盏风中的灯火，在摇曳的月光下和纷飞的初雪里，让读者可以隐约看到那一条通幽的曲径上，一位徘徊慢行的白衣少女，有时抬头看月影无声落泪，有时低头念柔肠千转伤怀，有时则借着凌乱的诗绪，在一次次悄悄的回眸里，窥视这世间的万千缘起。

情缘和宿命是贞子诗篇的灵魂。在这个没有边际的天地中，读到贞子的诗，又认识了贞子。就好像贞子说的，今生相識是前世的指使，一切就在一念之間，在信與不信之間。贞子的诗完美地表达了她灵魂深处最凄美却执着的力量，这种力量穿透了尘缘的桎梏，直达人心。

魂贯千古觅归处---读侦子诗作有感

文/姜尼

今年在新成立的“多伦多诗友会”微信群一个叫“侦子”的姑娘引起我的注意，因为在满是各种诗歌贴的诗群里侦子贴了一幅画，是在一个盘子上用巧克力画的一幅画，一个落寞的人，倚在河边小屋前的一棵树上沉思，寥寥几笔，颇有意境，我便因那画贴了一首诗作:

幽屋闭门户
残月照清秋
拥柳望碧水
滔滔几多愁

后来发现侦子原来是个画家，经常有画作贴到群里，偶尔也见侦子贴些诗作，不过对侦子的基本认识还是停留在网络符号上。

今年秋天，多伦多诗友会举行了一场盛大的诗友聚会，终于见到侦子真容。原来侦子是一个娇小漂亮的马拉西亚籍姑娘，在多伦多经营自己的企业，业余画画并诗歌创作。诗友会的场地以及所有菜肴都是侦子亲自安排，一切都井井有条，食物美味可口，甚是得到大家好评。特别准备了一款具马来特色的茶饮“蓝色妖姬”。几粒茶泡上水就成橙色，然放一片柠檬就变成幽幻的蓝色，颇有“妖姬”之感，可见侦子多有生活情调。

忽然接到侦子要出诗集并请我写诗评的信，有些惊讶也很高兴，立即认真阅读侦子的诗作，希望能写出一篇读评佳作。

这两年混迹诗坛，结识了不少女诗者，发现一个很有兴趣的现象，就是女诗者们无论年长年幼，其写作主题几乎是清一色的爱情主题。侦子的诗也不例外，所有的诗几乎

都是爱情主题。侦子的爱情诗读过之后让人感觉虹贯千古，热血沸腾，又凄婉动人，如泣如诉。在《几世修为》里，侦子写到:

“幾世修為
恩怨情仇相倚
今生桎梏
一筆抹煞幻滅
塵世情緣塵世盡
累世夙願皆雲煙”

《怎堪宿命》里又写到，

“纏纏 綿綿
終難究
情深豈堪擱淺
宿定命
聽憑上天安排”

侦子的爱情诗读过之后让人感觉虹贯千古，热血沸腾，又凄婉动人，如泣如诉。

作者的情是累世的因果，修为而得，我想侦子也许很可能是个佛教徒，信这因果轮回，命里注定。

在《如果今生是前世的指使》里，作者写到:

“如果今生相識是前世的指使
如果今生相愛是前世的延續
如果今生我是我你已不是你

如果今生你是你我已不是我
那真的有三生三世的你追我趕嗎而你信嗎 ”

爱情洪大穿千古、贯三世，气势磅礴。

读侦子的爱情诗很令人激情澎湃，绝对是爱情诗作的上乘。希望侦子的爱情诗越写越好，也希望侦子能有所突破，多写些关于友情、生活等其他主题的诗作。

侦子的诗集很漂亮，每首诗作都配有精美的图片，这得益于侦子也是个优秀的画家，所以整个诗集看起来美轮美奂，令人爱不释手。

祝侦子的诗歌和绘画创作今后都能取得更大的进步，也希望今后有可能和侦子合作，也创作出同样优美的诗集来。

姜尼 2017 年 12 月 5 日于多伦多

生命深处的歌哭

文/刘释之

一、何谓诗

“诗言志”、“文以载道”，历来为诗人作家为文作诗之圭臬。

《诗大序》云：“诗者，志之所之也，在心为志，发言为诗”；“故正得失，动天地，感鬼神，莫近于诗。先王以是经夫妇，成孝敬，厚人伦，美教化，移风俗”。即诗歌要表达的是诗人的思想与情感，特别是建功立业与立身行世的抱负和意志，以此关注生命、关注社会。从后人对“诗三百篇”的理解来看，诗歌要表达的就是诗人的思想与情感、理想与抱负。斯为正解。

不过也有学者像钱钟书、钱仲联和流沙河，他们认为，“诗言志”的“志”，起初只是“地方志”的志，乃是记录的意思。《诗经》就是记载、记录，是 record，其最终的反映，便是对当时当地的地理环境、社会伦理、人文习俗、风尚人情的全息记录。聂绀弩的香港友人高旅，他认为诗人便是“记者”，诗是用来记录生活的。诗人古求能也持此见解，以为诗是古代中国最大的文体，凡事以诗记录，并引用孔子“不学诗无以言”加以佐证——这些见解似是而非，它的危害是非以精神价值去衡量诗歌的品格，乃将诗歌沦作普通记录工具，将诗歌的神圣拉到日杂的庸常，将文字的高贵贬至世俗的庸常。

二、何谓诗人？

中国乃诗的国度，中华民族则是一个富于诗意的民族。清初廖燕在描写诗的发展变化过程中提到，诗和我们的风雅生活是如此紧密相连：

“山南之南，山北之北，有诗国焉。自周初受封，遂成巨族。孔子尝称之，教门弟子习其语言，谓可以兴观群怨。后亦稍稍衰。至唐复中兴，自庶人以至天子，莫不宾礼之。闻其风俗尚古。逮唐以来，始有趋时者，然人多风雅，出口皆叶律吕，或借鸟兽草木，以发其草野悲歌之情。若其大者，则虽奏之清庙明堂不让也。世之高人韵士，闻其风尝往游焉，至有乐而忘返者，予将执此而问之。”

文章写得奇情幻想，别具洞天。其中“人多风雅……或借鸟兽草木，以发其草野悲歌之情。若其大者，则虽奏之清庙明堂不让也”、“世之高人韵士，闻其风尝往游焉，至有乐而忘返者”，说明诗境、诗意、诗情、诗心常在“高人韵士”的风雅生活中。我们读诗、赏诗、歌诗、作诗，乃至“乐而忘返”，可以说，诗无乎不在。

事实上，廖燕在这里还透露出一个重要的信息，即中国文学的导源来自《诗》。春秋之时，贵族弟子皆以之为必修课程，所谓“不学诗，无以言”、“自周初受封，遂成巨族”。到了春秋末年，礼崩乐坏，统治阶级再也无法承担本应由他们来承担的高贵和责任，这时，孔子出现了，他开设了私塾，成为中国历史上第一位“民办教师”，他删述六经，广授门徒，有教无类，向他们传授本来只有贵族弟子才有资格学习的诗书礼乐射御数等课程，并教会他们什么才是真正的美德！——按诗人徐晋如先生所总结的说法是：“从此，知识和美德的内在丰盈，塑造出一个全新的阶级——士大夫阶级，即孔子所说的大人、君子。他们凭借知识和美德，成为诗国文化的奠基人和实际建筑者。他们是真正的贵族。”——中国文学，之所以能屹立在世界文学之林历几千年而不倒，就是因为在最初的源头上，在最高的精神层面上，中国的先贤赋予了她最鸿蒙的诗意和最高贵、最典雅的贵族精英气质——而孔子，由他整理的《诗经》，以及由他构建的一套关于做人的行为准则和君子规范的学说，通过他的言传身教，使得这一独特的精神气质得以流传千古——“天不生仲尼，万古如长夜”，孔子的贡献是巨大的。

按照徐晋如先生的说法，这些贵族，即孔子说的“大人、君子”，廖燕说的“高人韵士”，“他们都不是依靠出身，而是依靠知识和美德而高贵的自然贵族”、“不论是在位的范仲淹、王安石、苏轼，还是失位的屈原、李白、杜甫，他们都是士大夫。” 由于这些“自然贵族”的积极参与和创造，故“中国文学，从一开始，就不是来自民间的草根文学，而是打着深深士大夫烙印的雅文学。”

从这个意义上说，我们读诗，其实就是接受一种贵族式人文精神的陶冶洗礼，接受一种温柔敦厚的生命诗教，接受一种摒弃低级、庸俗、卑劣、丑恶从而走向高级、高雅、美好、高贵的精神审美和生命意识，而真正的诗人，正是这一高雅文学的创造者和高贵人格的塑造者。

何谓诗人？——这就是诗人，这就是传统意义上的诗人。

陈传席曾经给“什么是知识分子”作过这样的解释：必须同时具备以下四个条件者，方可称为知识分子：一是以创造或传播文化为职业；二是关心国家前途和人类命运；三是批判精神；四是独立人格。这是站在现代立场上作的关于“知识分子”的文化考量和独特阐释，以之作为诗人的坐标，却也不无积极的观照意义。

事实上，传统的诗人，如屈原、杜甫等千千万万的诗人群体，之所以能够成为我们民族的精神圭臬，也就因为他们的诗歌在千年传唱流转中，共同塑造出了中华民族的共同人格：一是具有“苏世独立，横而不流”的独立精神和自由思想；二是具有“哀民生之多艰”、“无缘大慈，同体大悲”的悲悯情怀和忧患意识；三是具有“虽九死其犹未悔”、“择善而固执之”的执着信念和一往情深；四是播扬出“为天地立心，为生民立命，为往圣继绝学，为万世开太平”的立身处世准则和生命意志。

——这，就是诗人。

三、 生命深处的歌哭

面对历史上一座座高峰，一位位贯穿千载而下为中华文脉魂魄的诗人，我们不禁心向往之，景行行止。读了贞子的诗行，我以为贞子到底有几许诗人的素质。她有诗心，天生的诗心。

她敏感，纤细，多情又多疑，善思又善变，所以有诸多的爱恋忧愁困惑感叹需要自我安慰自我纾解，这种自我安慰自我纾解，吐弃而为诗——这册《楚楚浅浅诗集》，看似是日常的“兴、观、群、怨”，日常的浅唱低吟，实质而言，却是其生命深处的吟哦，生命深处的歌哭。从《几世修为》，到《忘记一杯咖啡》，到《没有说再见》，我相信，此中有意无意蕴含了诗人的某种强大的生命逻辑和爱情故事：从怀春、爱慕、约会，到一次拥抱、一次亲吻，然后讲述期间的猜疑、困惑、诧异、思念、应允和接纳，再讲亲情、信仰、感悟等等……其中不乏可读之作，如写瞬间表情的《他到了》，写片刻领悟的《有太多》，写一时间的疼痛的《怎堪宿命》，更有写长时间思考得到的人生觉悟《几世修为》……《幸福在假想的波面上扩散》，思考的是爱情与婚姻、现实与理想之间的共通与矛盾，扩而大之，则是世间万事万物的共通和矛盾。这是我比较喜欢此诗的原因之一。诗歌的意象，虽言此而意在彼，正是其魅力之所在。总之，贞子毕竟是贞子，她絮絮叨叨，神神经经，她有诗人之眼，与周围的事物彼此神通，虽是日常之诉说，个人的私语，却因为生活，因为情感，而充盈丰满。这是她人生中的一段感喟，一段生命深处的歌哭。

岁月无边，人生有涯。既然有感悟，便要歌哭吟唱。在张载“为天地立心”之间，在范仲淹江湖庙堂家国之间，却实实在在还应该有一个小小的、独立的“我”的存在。我歌我哭我颠我狂我忧我笑我思我伤，看惯凡尘荣辱，知

晓世情风霜。贞子此诗集虽非感时之作，但因真诚，又是其生命深处的歌哭，所以也就有了一种难言的美丽在。

祝福!

刘释之
写于羊城闻蛙草堂时在丁酉暖冬
广东省文艺批评家协会会员
中华诗词学会会员

我眼中的贞子

文/Judy Fu

其路跌宕，其诗茹伤。
其颜如玉，其意柔刚。

2018.2.8 加拿大多伦多

笔墨是有温度的

画/胡晓亮

讀貞子的詩

文/雷鸟

讀貞子的詩有一種時空穿越的感覺，詩中略帶憂鬱的純美愛情彷彿來自另一度空間，不斷勾起人們曾經有過的某一段回憶，從而引起深深的共鳴……貞子的詩文具有一種夢幻般的意境，能讓讀者感受到靈魂的模樣，產生心靈的悸動。貞子是一位詩畫俱佳才貌出眾的奇女子，我很難想像在貞子美麗的少女容顏下究竟隱藏著多少幽深纏綿的情愫，使得她的才華像絲一樣綿綿不絕地從一個時空延伸到另一個時空……我相信貞子的詩集會贏得許多人的喜愛，並廣為流傳。作為貞子的詩友以及其中一些詩第一時間的讀者，我想我比詩集的讀者更能體會詩人創作時的心情和思緒……祝賀貞子詩集出版。

诗不是格言

文/賴月娟

诗不是格言，尽管有些诗含有哲理。诗是语言的艺术，是大白话。作者侦子女士有诗人的热情，细腻的情感和敏锐的洞悉能力溶于诗词中，有想表达的东西情真意切。诗要借物抒情，借境表意。祝侦子女士的写作之路更上一层楼，佳作不断！

賴月娟，音樂學院教授

www.ingramcontent.com/pod-product-compliance
Lightning Source LLC
Chambersburg PA
CBHW041408010726
47507CB00001B/43
9780986488238